NOTES

SUR

LES JARDINS

D'UNE PARTIE

DE

L'ITALIE,

Recueillies pendant un voyage
fait en 1839-40

PARIS,

1840.

NOTES
SUR LES JARDINS
DE L'ITALIE.

PARIS, IMPRIMERIE DE LAIN ET THUNOT
Rue Racine, 28, près de l'Odéon.

NOTES

SUR

LES JARDINS DU SUD DE L'ITALIE,

RECUEILLIES PENDANT UN VOYAGE FAIT EN 1839-40,

PAR M. AUDOT,

ÉDITEUR DU BON JARDINIER;

LUES A LA SOCIÉTÉ ROYALE D'HORTICULTURE DE PARIS, ET
INSÉRÉES DANS SES ANNALES.

PARIS,

IMPRIMERIE BOUCHARD-HUZARD,
rue de l'Éperon, 7.

1840

(Extrait des *Annales de la Société royale d'horticulture de Paris*, tom. XXVII.)

NOTES

LES JARDINS DU SUD DE L'ITALIE.

—

Je demande la permission de communiquer à la Société quelques notes que j'ai recueillies pendant un voyage en Italie. Ce ne sont point les observations d'un botaniste, d'un savant ; mais, quelles qu'elles soient, elles pourront fournir des notions sur l'état des jardins du sud de ce pays, où les horticulteurs français vont peu, apparemment, car je n'ai pas connaissance que personne l'ait entretenue sur ce sujet, tandis qu'en Angleterre les moindres notes sont recueillies dans les journaux.

La saison avancée, et les effets désastreux de l'automne pluvieux de 1839, ne m'ont pas permis de voir les jardins dans le nord ; d'ailleurs ils vous sont plus connus, parce qu'ils se rapprochent davantage de la France, sont à la portée des pépinières, et que ces pays renferment aussi un plus grand nombre d'amateurs. Le nombre des jardins paysagers, qui annoncent toujours le progrès, y est d'ailleurs multiplié, tandis qu'ils sont à peine connus lorsqu'on avance au sud.

Quand un amateur de l'horticulture a vu l'Italie, du moins dans les parties qui s'éloignent des hautes Alpes, ou sur le versant du midi, il sent vivement tout le regret d'être obligé de vivre dans le nord, et d'arracher si péniblement à la terre quelques productions utiles ou quelques fleurs que son climat n'accorde qu'à la fatigue et trop souvent à l'art.

A peine a-t-on quitté les environs secs et pulvérulents de Marseille, que l'on commence déjà à jouir d'un climat doux qui donne à la fois à l'horticulteur moins de peine et plus de jouissance. Quelques jours avant Noël, je parcourais la côte de Gênes à Nice : l'odeur de la fleur d'Oranger m'annonçait la présence de cet arbre, de luxe dans nos jardins, et qui, ici, est beaucoup plus commun que les Pommiers, dont le fruit a pourtant plus de consistance et d'utilité réelle. Je voyais les Orangers surchargés, autant que richement ornés, de fruits dans toutes les nuances, depuis le vert foncé jusqu'au jaune d'or. Les vergers, où ils étalaient leurs richesses, étaient clos par des rangées d'*Opuntia* et d'Agavés d'Amérique, qui, là, se multiplient trop abondamment, tandis que j'avais été obligé de les rentrer depuis deux mois. Le Lin formait des champs du plus beau vert ; les Pois étaient en fleur ; l'*Uva ursi* laissait pendre ses fruits nombreux, si finement travaillés et bien plus éclatants que le corail ; les prés conservaient mille Pâquerettes et d'autres fleurs qui s'épanouissaient au soleil. Dans ce temps, que fait-on à Paris, à Gand, en Angleterre ? on allume le feu et l'on étend les paillassons sur le vitrage des serres, où l'on conserve les plantes les plus communes.

Il me semble entendre répéter ce que j'ai ouï dire plusieurs fois, que si nous, horticulteurs du nord, étions nés au midi, nous serions plus énervés par les ardeurs des saisons, et que nous nous contenterions de ce que la nature répandrait de dons autour de nous. Je répondrai à cela que des faits prouvent le contraire, et que les jardins du midi commencent déjà à s'embellir des plus belles plantes introduites et améliorées par les horticulteurs du nord. La beauté du Dahlia, mais surtout celle du Camellia, ont tenté les amateurs. A Rome, dans les fêtes d'hiver, j'ai vu partout, à côté des dames ruisselantes de diamants, les jeunes demoiselles parées de fleurs du Camellia, qui avaient été vendues 3 fr., 5 fr., et jusqu'à 8 fr. (une piastre et demie). J'aurai bientôt à signaler l'introduction de beaucoup d'autres plantes, et je ne doute pas que l'exemple des horticulteurs zélés que je nommerai ne soit suivi par un plus grand nombre.

Je viens de citer le Camellia; il me conduit naturellement à parler d'abord de FLORENCE, et je dirai comment elle justifie son heureux titre de la ville des fleurs, *Florentia*, qu'apparemment elle a toujours mérité. J'ai vu des fleurs à Gênes, à Rome, à Naples, plus favorisées que Florence; mais ces villes ne sont point les villes des fleurs. Dans un autre voyage, au mois de juillet, je n'avais été nullement surpris de voir qu'elle en était parée; mais, cette fois, c'est à Noël que je l'ai visitée, et je ne m'attendais pas à trouver ses principales rues égayées par la vue des étalages de ces produits de la culture et de la douceur de la saison.

C'étaient la Violette de Parme, les Narcisses, les Jacinthes, des Roses, des OEillets, des Renoncules, et le commencement de la floraison du Camellia. Et tout cela venu sans employer l'art de chauffer; car, en général, dans toutes les cultures de ces parties du sud de l'Italie, je n'ai vu employer aucun moyen pour avancer les plantes, soit pour l'utilité, soit pour l'agrément; j'en excepte cependant les Ananas. On a des conservatoires pour mettre les plantes délicates à l'abri, mais presque tous sans feu. A Naples, seulement, existe une serre chaude au jardin des plantes.

Je vais parler d'une circonstance particulière qui n'existait pas à mon premier voyage, et qui peut-être ne se perpétuera pas. Si l'on passe en voiture dans les rues fréquentées de la ville, on est surpris agréablement de recevoir de frais bouquets dont personne ne demande la valeur. Si l'on est à pied, un bouquet de Violette ou de Narcisse se trouve dans votre main, présenté par une jeune fille à l'air gracieux, qui, par son sourire, vous engage à le garder, puis elle passe. Telles étaient sans doute dans la mythologique antiquité, les prêtresses de Flore. Ici elles sont trois, et vous êtes toujours certain de ne pas manquer d'être fleuri plus d'une fois dans la journée. Si vous voulez les récompenser, vous les arrêtez, et elles ne refusent point ; mais les avares sont à leur aise, et elles semblent n'y pas prendre garde.

Le temps était défavorable, et je n'ai pu visiter qu'un petit nombre de jardins. Cependant je dirai, en général, qu'ils sont variés dans leur forme, tout en conservant l'utile mêlé à l'agréable ; le nombre des arbres verts y est considérable, et pendant l'hiver, dans un grand nombre de jardins, l'absence des feuilles s'y fait à peine sentir. Le célèbre jardin de Boboli, ou du palais Pitti, résidence du souverain de la Toscane, a une étendue qui égale celle du jardin des Tuileries ; il est planté, pour les trois quarts, en arbres verts, où dominent le Chêne vert et le Laurier d'Apollon, qui se trouvent égayés par le Laurier-tin, lequel s'élève là à une hauteur inconnue en France, et dont la floraison en hiver, si nombreuse et si brillante de fleurs blanches et rouges, donne à ce beau jardin un air de printemps.

On néglige trop en France les bosquets d'hiver, composés avec des arbres verts, autres que des Conifères ; sans doute nous n'avons pas la ressource des grands arbres, mais nous en avons encore assez que l'on peut conserver en leur donnant des soins dans les temps de neige, et en les plantant au nord des habitations élevées, de manière à ce qu'ils soient abrités des effets du soleil après les fortes gelées.

Une moderne acquisition contribuera à enrichir les jardins de Florence ; je veux parler du Camellia, dont il y a déjà des individus en pleine terre depuis un certain nombre d'années, et qui se couvrent d'une grande quantité de fleurs. Plusieurs amateurs possèdent des collections nombreuses où l'on voit de précieuses et nouvelles espèces. Le mérite de cet arbre y est si bien senti, que l'on n'y laisse perdre aucune semence, et je n'ai pu m'en procurer parce que l'on n'en récolte pas une seule graine qui ne soit semée avec soin. M. le marquis Cosmo Ridolfi a semé 20,000 graines récoltées à sa ferme de Bibiana, à 5 lieues de Florence, sur une collection que l'on m'a assuré être de 15,000 individus. Celle du grand-duc ne contient pas moins de 6 à 7,000 sujets, et quelques autres, telles que celles de M. le comte Guicciardini, de madame la comtesse Boutourlin et de madame la comtesse Nencini, de M. Freppa, de M. Schneider, ne leur cèdent pas en mérite.

Parmi les nouvelles variétés obtenues de semis, on m'a cité la *Pulcherrima*, la Belle Florentine, la *Turbinata*, l'*Amethystina*, l'*Oblonga decurrens*, la *Ridolfiana*, la *Nenciniana*, la *Conchiflora alba*.

M. Freppa est un amateur obligeant à qui l'on pourrait s'adresser pour avoir des renseignements sur les collections.

J'ai visité le premier et le seul établissement commercial d'horticulture qui ait jamais été formé à Florence, et qui vient d'être fondé par un Français, M. Arnaut.

Notes sur Naples.

Quand je demandais quels étaient les amateurs de l'horticulture à Naples, tout le monde me citait le seul comte des

(8)

Camaldoli. Son jardin, contigu à une propriété de 600 arpents, près de la ville, a lui-même 20 arpents. Il est dessiné dans le goût pittoresque, et contient une pépinière, beaucoup de Vignes élevées, et un bois composé d'espèces exotiques, qui ont acquis une croissance remarquable, et seraient un objet d'étude pour les savants qui ne peuvent voir la plupart de ces arbres abandonnés à la nature ailleurs en Europe. Le catalogue des végétaux que renferme ce jardin est nombreux ; je le dépose sur le bureau. On verra, sur les deux dernières pages, l'indication des arbres rares qu'il contient, avec celle de la force qu'ils avaient acquise il y a 6 ans, quand l'impression en a été faite.

M. le comte des Camaldoli, président de l'Académie des sciences, est un amateur très-instruit, et c'est à son goût pour la botanique et l'horticulture que Naples doit d'avoir eu le premier jardin en ce genre que l'on y ait vu. Dans l'avenir, sans doute, cette collection sera conservée par M. son fils, et elle continuera à faire l'admiration des horticulteurs, comme elle servira à l'étude des savants.

On a semé beaucoup de *Melaleuca, Metrosideros, Eucalyptus, Hakea, Acacia*, etc. ; d'ici à quelque temps on pourra donc avoir fait le gain d'espèces nouvelles. Le jardinier de M. le comte a la permission de communiquer au dehors, même à son profit, les espèces intéressantes qui seraient disponibles. Ce renseignement peut être d'autant plus utile au commerce, qu'il n'existe à Naples qui que ce soit à qui l'on puisse s'adresser, et que j'ai été obligé de laisser entre les mains de personnes étrangères à l'horticulture le soin d'acheter des maraichers des graines de la prochaine récolte, puisqu'aucun d'eux n'a pu m'en fournir de la dernière.

Parmi les jardins des nombreuses maisons de plaisance du roi de Naples, j'ai remarqué avec plaisir que de nouvelles plantations ont été faites à CAPO DI MONTE, dans le goût pittoresque des jardins paysagers, et sur un plan tracé avec le sentiment des beautés de la nature, par M. Frédéric Dehnhardt, architecte suisse.

Ce jardin immense est situé sur le bord d'un grand plateau de la campagne de Naples, et en partie sur un versant qui offre le coup d'œil le plus riche de l'Europe, sur le golfe d'émeraude et de saphir, sur les îles et les chaînes grandioses de montagnes qui l'encadrent, et dont les nuances variées, selon les zones de terrain et de rochers, et aux différentes heures du jour, saisissent d'admiration le plus indifférent des observateurs.

Trop peu d'amateurs de jardins pittoresques ont eu l'occasion de jouir de ce spectacle vraiment sublime, et qui fait ici le fond des points de vue que la nature ou l'artiste a su ménager. Après avoir joui de l'ensemble d'un tel tableau, enrichi encore par le développement d'une grande ville en amphithéâtre, de nombreux villages et d'une quantité de *villa* et de casins élégants répandus partout sur les verts penchants des montagnes, l'imagination, replaçant là Parthénope et Baia, là Herculanum et Pompéi, et l'œil mesurant la distance qui sépare de l'antique Stabia le cap Misène où s'est embarqué Pline, victime de son amour pour la science ; après avoir joui enfin de tant de merveilles, qui auraient dû épuiser les sensations, et en prolongeant la promenade sous les Lauriers, les Oliviers, les *Magnolia*, les *Eucalyptus*, une éclaircie vous présente un nouveau tableau d'un genre différent, celui d'une des montagnes que vous venez de voir dans le grand ensemble du golfe, le Vésuve, qu'alors vous apercevez seul et dans sa partie supérieure, le noir Vésuve, lançant une fumée blanche qui se marie à un léger nuage que le soleil couchant colore d'un rouge de feu.

Rien n'est plus saisissant, et je doute que l'on puisse trouver au monde un jardin où l'on jouisse d'aussi grands effets. Aussi l'on doit féliciter l'artiste qui a pu obtenir, du bon goût de son souverain, l'encouragement nécessaire pour marier les beautés d'un tel site au dessin d'un jardin paysager, tandis que les longues lignes d'arbres qui existaient là, et dont la géométrie ne permettait pas la discontinuation, formaient des rideaux que l'œil ne pouvait percer.

Il est vrai, cependant, que l'admirable tableau dont je viens de tâcher en quelques mots de donner une idée, mille fois au-dessous de l'original, est toujours le plus grandiose des spectacles, de tel point que l'on en jouisse ; mais les richesses de l'art, et la régularité des lignes de palais ou d'avenues d'arbres, sont bien moins en harmonie avec les effets de la nature que le simple encadrement irrégulier produit par des arbres de divers feuillages, de diverses formes, et placés sans symétrie.

Par exemple, sur la terrasse du palais de Portici, les flancs noirs, bruns et rougeâtres de la terrible montagne produisent un effet saisissant, mais qui rappelle trop qu'un mouvement de ce géant peut anéantir tout ce qui vous environne et votre existence même, tandis que sa vue à travers des arbres de formes variées semble l'éloigner, s'harmoniser avec lui par des nuances plus ou moins foncées, comme la vue du golfe à travers des arbres semblables s'harmonise avec les objets naturels beaucoup mieux que la régularité des palais.

Je citerai un des ornements les plus riches et les plus gracieux à la fois qui ornent le jardin royal de Capo di Monte, trop modestement appelé le *bosquet*. Les vertes et grandes pelouses des parties claires du *bosquet* sont peuplées de paons au plumage d'or et d'émeraude ; mais ce ne sont point deux ou trois de ces oiseaux de luxe..... On voit ici le nombre, peut-être inconnu partout ailleurs, de *plus de* 200. Leur promenade a lieu sans cesse sur la pelouse verte et propre ; aussi font-ils briller la richesse du plumage le plus éclatant. Parmi eux, un certain nombre porte le plumage blanc, et l'on ne peut se faire une idée de la beauté de leur gracieux éventail se détachant sur la verdure, au milieu des buissons.

Ce bel oiseau se plaît dans nos climats, et je le signale avec plaisir comme ornement des jardins, à ceux des favoris de la fortune qui cherchent des idées nouvelles, et qui voudront employer en très-grand nombre ces oiseaux gracieux, pour en faire le plus beau des spectacles de ce genre.

Le roi de Naples affectionne beaucoup ses paons; ils le connaissent, et, quand il arrive et qu'il les appelle, ils répondent par de nombreux cris de joie à la voix de leur maître; aussi S. M. a-t-elle défendu expressément qu'il en fût tué un seul avant que leur nombre eût atteint deux mille.

A ce peuple de paons se mêlent encore des faisans de diverses espèces et des dindons blancs choisis, dont les mâles se croisent avec les femelles paonnes, et produisent des mulets singuliers, mais se rapportant seulement au dindon.

Toute cette population volatile se répand principalement dans une *plaine*, pittoresquement ornée de grandes fabriques, telles qu'une faisanderie ornée dans le genre gothique en ruine, et qui contient les faisans dorés, une chapelle, un couvent véritable et des fabriques d'ornement d'un goût propre au pays.

Il y a quelque temps, ce lieu a été le théâtre d'une fête champêtre, pour célébrer l'accomplissement de la 50e année de S. M. la reine mère. Les arbres, sur lesquels la nuit avait répandu son voile, ont présenté tout à coup l'aspect d'une forêt lumineuse de toutes les couleurs. Ici un arbre éclatait en lumière verte, un autre en feux rouges : un grand *Magnolia* offrait l'aspect d'un Oranger aux fruits arrondis ; un autre portait des fruits allongés et d'une couleur plus pâle, il représentait un Citronnier. On se fera peut-être une idée de cette illumination magique, quand on saura que seize mille lanternes la composaient. Outre que leurs formes, leurs couleurs et leur grandeur étaient différentes, leur enveloppe de papier portait des dessins qui attiraient l'attention quand on les voyait de près.

Voilà donc encore un exemple de cette illumination des bosquets qui se pratique en Angleterre dans les jardins du wauxhall, et qui a été citée dans la 5ᵉ édition du *Traité de la composition et de l'ornement des jardins ;* elle mérite d'être recommandée aux amateurs riches qui voudront produire des effets piquants : celui-ci semble tenir de la féerie.

J'ai remarqué, près de la faisanderie, un *Acacia glaucescens* de 12 ans ; son tronc a 15 centim. (6 pouces) de diamètre ; ses nombreuses ramifications sont pendantes et forment un buisson de 5 mètres de haut couvert de fleurs.

Les nouvelles plantations qui se font dans ce beau jardin par ordre du roi, qui paraît y prendre beaucoup d'intérêt, enrichiront sans doute encore la botanique de sujets exotiques en grande végétation.

CASERTE, résidence royale à 7 lieues de la capitale, et que l'on peut appeler le Versailles de Naples, a été fondée par le roi Charles III, le Louis XIV de cette branche des Bourbons. Là tout est vaste ; mais malheureusement, dans le jardin comme dans le palais, l'architecte Van-Vitelli n'a produit que des effets monotones : en quelques mots je puis en donner une idée. Au lieu des parterres, des bassins, de la belle allée du tapis vert et du grand canal de Versailles, que l'on se figure une longue avenue d'arbres que l'on met une heure entière à parcourir, et l'on aura toute l'invention, tout le dessin du jardin d'un palais qui est digne pourtant, par sa richesse et sa grandeur, d'être classé parmi les plus considérables de l'Europe. Le même espace de terrain que le Nôtre a orné de scènes les plus grandioses et les plus variées, Van-Vitelli, qui s'est illustré en Italie par tant de monuments importants, n'a su créer, pour accompagner un palais, qu'une longue allée de Chênes verts au feuillage sombre.

Une eau abondante, amenée par un aqueduc digne des Romains et fait pour ce sujet, verse son énorme masse dans des bassins oblongs qui tiennent le milieu de l'allée, tous de la même figure géométrique, et formant 15 cascades dont 13 sont semblables, et deux autres semblables aussi entre elles.

Telle est la monotonie de beaucoup de jardins en Italie, de ceux qui font partie de *villa* célèbres. Heureux les promeneurs que la quantité d'arbres verts qu'ils contiennent trompe en hiver sur la saison, et qu'une profusion de monuments et de statues donne quelque variété à la promenade.

Mais le voyageur est récompensé, à Caserte, de la fatigue qu'il a éprouvée dans une course d'une heure pour aller et une heure pour revenir; car, au bout de cette longue avenue que l'on pourrait appeler une *route ornée*, une porte s'ouvre à droite, et l'on entre dans un jardin paysager dont la variété repose les yeux et donne enfin un aliment à l'imagination.

Le jardin paysager de Caserte, fondé, en 1782, par la reine Caroline, et planté en arbres exotiques, présente actuellement ces grands végétaux dans un état de splendeur peu commun. Il y aurait à faire au milieu d'eux, pour un botaniste, un examen intéressant sur cette collection précieuse qui est bien entretenue.

Je citerai ce qui m'a paru le plus frappant : un Tulipier de 3 mètres 22 centimètres (10 pieds) de circonférence, un *Laurus camphora* de 2 mèt. 60 centim. (8 pieds), un *Eucalyptus capitellata* de 2 mèt. 27 centim. (7 pieds); une collection de Pins, dont plusieurs très-rares, tous de la

plus belle venue, de l'effet le plus varié et le plus pittoresque, mariés comme ils le sont à des Cyprès pyramidaux
gigantesques et à d'autres arbres de formes différentes.

Un *Camellia japonica rubra*, simple, formant un buisson de 6 mèt. 45 centim. (20 pieds) et d'autant de diamètre. Il est sans doute le seul en Europe qui soit aussi
vieux et qui offre un pareil développement, et il faut
l'avoir vu pour se faire une idée de ce que peut devenir un
Camellia. Au 10 avril, il était encore couvert de fleurs par
milliers, et celles qui étaient tombées ne formaient pas un
spectacle moins beau que celles qui ornaient les nombreux
rameaux de ce buisson : c'était un riche tapis, couvrant
le gazon, dont le vert foncé faisait ressortir l'écarlate des
fleurs et l'or des étamines, et tel que l'art ne saurait
l'imiter.

Il n'est pourtant pas là question de terre végétale ; mais
il faut dire que cette terre noire, production volcanique,
cultivée depuis 30 siècles et plus, est légère et substan-
tielle au suprême degré. Il est surprenant que la beauté
d'un tel arbre n'ait pas engagé depuis longtemps à planter,
dans le même jardin, d'autres Camellias ; je n'en ai vu que
quelques-uns très-jeunes.

J'ai remarqué des plantations nouvelles d'une quantité
d'arbres et arbustes précieux qui prennent là un beau développement, tandis qu'ils sont si chétifs dans les petites
caisses que nous donnons pour prisons à leurs racines.

Après avoir cité à Naples le jardin de M. le comte
des Camaldoli et celui de Capo di Monte, je n'ai plus à
parler que du jardin de botanique et de la Floridiana appartenant à M. le comte de Monte Sant-Angelo (Nicolo
Serra Geragi). Ce jardin, dans la plus heureuse situation,
a été dessiné en 1819 et amélioré avec goût et intelligence,
par M. Frédéric Dehnhardt, aidé du jardinier actuel,
Ciro Cozzolino.

Dans un autre pays, on pourrait choisir et citer *les plus beaux jardins* : à Naples, j'ai cité tous les jardins paysagers en parlant de trois, à quoi il faut ajouter Caserte, qui est à 7 lieues, et le jardin de botanique dont je vais dire quelques mots.

A Portici, dont le jardin fleuriste est singulièrement arriéré en fait de plantes, on appellera, si on veut, jardin paysager, un très-grand bois qui en fait l'accompagnement; mais on remarque avec plaisir un joli petit jardin fleuriste, appartenant à S. M. la reine mère, et dont les arbres et arbrisseaux ont été envoyés de Fromont par notre honorable collègue Soulange Bodin.

Dans un pays où la nature se montre prodigue de ses dons, terre fortunée, séjour antique des Muses et des Grâces, où les sciences ont conservé le plus de traditions et de monuments, tandis que des pays si peu favorisés, tels qu'Upsal, Copenhague et Moscou, se montraient avides d'instruction sur les végétaux, Naples, ni aucune partie de cette contrée de l'Italie, n'avaient paru penser à l'établissement d'un jardin de botanique. Il fallait des hommes zélés pour parvenir à un tel but; ils se trouvèrent dans les personnes de MM. Poli, Petagna et Tenore. C'est surtout à ce dernier que la ville de Naples doit la création et surtout la prospérité d'un jardin de botanique, entretenu par son seul zèle, car le gouvernement fait pour cet objet des sacrifices extrêmement minimes et insuffisants. Il est à désirer qu'il se trouve par la suite des temps un digne successeur de ce savant, et que les espèces exotiques, rares et précieuses qu'il renferme continuent à croître et à servir d'étude.

Parmi beaucoup d'arbres de ce genre, je citerai un *Acacia melanoxylon* (*Latifolia hortulorum*) qui a 20 ans d'âge et mesure 1 mèt. 62 cent. (5 pieds) de circonférence à la base; — un *Cupressus lusitanica* (envoyé de Goa en Portugal), arbre très-pittoresque; — plusieurs grands

Casuarina (il y en a d'autres dans les jardins de Naples) : cet arbre peut produire, dans les jardins, des effets de contraste très-sensibles ; — des *Laurus camphorus* ; — *Acacia longifolia, decussata, Farnesiana, julibrisin* ; — *Arbutus canariensis* ; — *Acer oblongifolium* ou du Nepaul ; — *Edwarsia grandiflora* ; — *Phytolacca dioica*, devenu grand arbre en plein air ; — plusieurs espèces de *Metrosideros* et d'*Eucalyptus*. Il est à remarquer que tous ces arbres portent graines, et que l'on peut s'en procurer à l'établissement. Je dépose sur le bureau l'index des graines et les catalogues du jardin botanique de Naples.

A Naples, la culture du Coton en arbre a été entreprise inutilement ; le Coton herbacé réussit très-bien.

Note sur les jardins de Pompéi.

Je viens de dire que j'avais cité tous les jardins de Naples et des environs ; mais je m'aperçois que j'en ai oublié un nombre assez considérable dont il me sera impossible, pourtant, de vous nommer les propriétaires, morts depuis 18 siècles. Je veux parler des jardins des Pompéiens, qui étaient, par goût, au moins tout autant horticulteurs que nous pouvons l'être, quoiqu'ils n'eussent sans doute pas pensé à établir des Sociétés pour mettre leur savoir en commun, autrement qu'au forum, où ils se rencontraient tous les jours, et sur les exèdres, où la conversation avait lieu le soir, et où le soin de leurs jardins devait entrer pour quelque chose.

Dans toutes les maisons de Pompéi où s'est trouvé un peu d'espace qui n'était pas absolument nécessaire pour établir le logement des maîtres et des esclaves, un jardin a été ménagé. Comment étaient plantés ces jardins ? il est difficile de le décider, parce que, jusqu'à présent, dans les fouilles, on n'a pensé qu'à recueillir des marbres et des métaux, et que l'on n'a pas cherché les restes ligneux des végétaux, non plus qu'à enlever avec précaution le lit déposé par le Vésuve sur le terrain cultivé. La seule observation de ce genre que l'on ait faite est une terre cultivée en sillons que l'on a découverte hors des murs de la ville.

Des restes ligneux auraient été trouvés comme tous les bois de Pompéi, presque en poudre ; mais en suivant la trace avec soin , et dessinant à mesure, on aurait pu, je crois, reconnaître la forme d'un certain nombre de végétaux.

A mon arrivée, lors de ce voyage-ci , on finissait d'excaver un espace qui a dû être un jardin ; mais il était trop tard pour faire aucune observation.

Une étude, néanmoins, pourrait être faite à Pompéi ; les jardins étaient petits dans une ville entourée de murailles fortifiées, mais les Pompéiens avaient trouvé une manière de les faire paraître plus grands : une continuation du jardin était peinte sur le mur quand il y en avait un de libre , et les piliers intérieurs conservent encore, et souvent dans une grande fraîcheur, des figures de plantes , comme si les habitants eussent voulu faire régner le jardin jusque dans les appartements. Parmi ces figures , on voit souvent des répétitions. Toutes ont-elles été faites d'après nature? c'est ce que les savants pourraient décider, et il est vraisemblable que , de la comparaison et de toutes les études qui en seraient faites , il pourrait résulter des éclaircissements sur les plantes nommées par Aristote, Pline, Columelle, etc., et qu'enfin serait levé le voile qui couvre encore les 900 plantes sur 1,000 citées par Dioscoride et Théophraste.

Cependant il est un obstacle à cette investigation, car, pour qu'elle ait lieu, il faut avoir les exemples sous les yeux, il faut dessiner et graver pour que les savants de tous les pays puissent juger et comparer ; mais le gouvernement ne permet de prendre aucun dessin à Pompéi et à Herculanum avant que les objets n'aient été publiés dans

2

le *Museo Borbonico* : et, cependant, les peintures périssent en attendant une publication qui ne sera jamais faite, parce qu'elle sort du cadre de l'ouvrage du gouvernement.

A mon premier voyage, je regardais avec curiosité les plantes que je voyais croître dans les jardins de Pompéi, et j'aimais à me figurer que plusieurs, plus ou moins dégénérées, pouvaient avoir figuré dans les jardins antiques, et s'y être perpétuées en revenant des environs qui n'avaient pas été couverts par les cendres du Vésuve. J'avais souvent remarqué la Scabieuse et un *Gnaphalium*; à mon dernier voyage, j'ai vu avec désappointement les jardins pompéiens cultivés en céréales, et mon illusion détruite, comme elle le sera pour tous les voyageurs qui aiment à étudier les ruines telles que le temps les a laissées. Cependant j'ai encore retrouvé dans les rues et dans les espaces qui n'ont pas été employés à cette culture ridicule, et que M. Bianchi, l'estimable artiste qui dirige les fouilles avec un zèle tout désintéressé, fera sans doute cesser, j'ai retrouvé, dis-je, ma Scabieuse et mon *Gnaphalium*, dont j'ai apporté un échantillon que voici. J'ai demandé que l'on m'en envoyât, plus tard, de la graine.

« Ce *Gnaphalium*, » m'a dit un amateur instruit, le chevalier Michele Sant-Angelo, « a été décrit par M. Te-
« nore, dans sa *Flora napolitana*; c'est une plante de Syrie
« et d'Egypte, *n'existant en Europe nulle part qu'à Pom-*
« *péi*, où j'ai fait la remarque qu'elle se trouve seulement
« dans les environs du temple d'Isis, de sorte que je serais
« très-porté à croire que les graines ont pu se conserver là
« depuis les temps antiques, et germer lors des excava-
« tions. » J'en ai une preuve, ajoute don Michele, « dans
« des graines de céréales qui ont été semées après leur dé-
« couverte, et qui ont germé. »

Ce fait serait au moins plus vraisemblable que celui d'un oignon égyptien qui aurait été trouvé dans la main d'une momie, et qui aurait végété ; fait annoncé il y a deux ans, et répété dans tous les journaux en France.

Notes sur les jardins, à Rome.

De même que j'ai cité comme véritable amateur des jardins, et comme introducteur de plantes exotiques, M. le comte des Camaldoli pour Naples, j'ai à citer à Rome, au premier rang, M. Giuseppe Massani ; en effet, M. Massani a donné aussi l'exemple à Rome, non pas seulement de déranger l'éternelle symétrie du jardin italien, mais d'y introduire une grande abondance de végétaux étrangers et qu'il a fait venir directement du Brésil, de l'Espagne, de l'Angleterre, de l'Autriche, de la France et des pépinières du nord de l'Italie. Tous les jours sa collection augmente, et non-seulement il acquiert les plantes qui sont pour son agrément et celui de sa gracieuse famille, mais encore il pense que ce terrain, au bord du Tibre, et chauffé par le soleil de Rome, peut nourrir d'autres végétaux que ceux qui s'y trouvent, et dont peu de personnes ont cherché à augmenter le nombre depuis les anciens Romains.

Digne Romain lui-même, et à l'exemple des empereurs qui cherchaient à enrichir leur pays des productions utiles que présentait le règne végétal dans les contrées lointaines, aucune production utile ou agréable ne parvient à sa connaissance qu'à l'instant il ne donne l'ordre de la lui procurer. Aussi serait-il difficile de citer les plantes et les arbres intéressants de son jardin, parce que le nombre en est trop grand et les espèces si nombreuses et si variées, que, dans quelque temps, quand le catalogue en sera imprimé, il ne sera guère moins important que celui de M. le comte des Camaldoli.

M. Massani s'occupe d'une collection d'arbres fruitiers choisis, la seule existante à Rome, et il est à désirer que son exemple soit suivi. De pareilles collections pourraient peut-être, dans ce climat, produire, par le semis, des espèces utiles.

A ma sollicitation, cet amateur philanthrope essaye la culture du Thé.

Le jardin de M. Massani était autrefois une Vigne : il a su, en l'ornant, lui conserver son but d'utilité, sans s'astreindre à suivre aucun système plus ou moins exclusif; il a fait ce qui lui paraissait convenable à l'utile et à l'agréable, à la vue ou à la promenade. Devant une jolie maison, tout à fait propre à embellir un jardin, une immense allée se présente, bordée, de chaque côté, par des Rosiers de Bengale très élevés; elle conduit à un charmant jardin paysager décoré dans le genre chinois, et où rien ne fait disparate. Des marbres, des décorations architecturales, sans profusion, sont placés ailleurs à propos, et partout les allées, formées de Rosiers de Bengale qui donnent des fleurs en bien plus grande abondance que les nôtres, font voir de quelle utilité jardinière est en Italie cet arbrisseau toujours vert et presque toujours fleuri, qui remplace si agréablement les palissades de Buis. On en voit qui se palissent sur les murs à plus de 20 pieds, et il est impossible de n'être pas frappé d'admiration quand, pour la première fois, on aperçoit, au printemps, une de ces éclatantes palissades de Roses, où les feuilles sont presque entièrement cachées par les fleurs. Il est vrai que là le Rosier du Bengale ne gèle pas.

Il est vraisemblable que, par la suite, une nouvelle palissade ajoutera encore à l'agrément des jardins; ce sera le Camellia qui la composera. En effet, de tant de semis, il résultera un si grand nombre d'individus, que l'on sera à même d'en planter avec profusion.

De même que les amateurs de Florence, M. Massani a mis en terre toutes les graines de ses Camellias (environ 1,000 cette année); je les ai vus en pleine végétation. Ils fleurissent, dans cette contrée, bien plus jeunes que dans le Nord, et lassent moins la patience de l'horticulteur.

Il y a, à Rome, une famille illustrée par la protection qu'elle aime à accorder aux arts, et qui aidera aux progrès de l'horticulture; elle se compose de trois frères dont je vais indiquer les jardins.

Celui de M. le duc Alexandre Torlonia, qui n'est pas encore terminé, se distingue par un luxe dont aucun jardin moderne n'offre d'exemple.

L'espace, cependant, était peu étendu, et il a fallu tout l'art du jardiniste pour varier des scènes qui, quoique très-voisines les unes des autres, sont devenues cependant isolées, de manière à n'être en communication qu'aux endroits où l'artiste l'a voulu et où il a établi les transitions nécessaires. Une avenue de Chênes verts conduit à la façade de l'habitation principale; et., quoiqu'elle soit en ligne droite, cette avenue, plantée antérieurement, se marie agréablement au reste de la composition pittoresque du jardin. Ceci est un avis à ceux des propriétaires qui croient qu'aucune ligne droite ne peut s'harmoniser dans un jardin naturel, et qui font, à un système mal compris, le sacrifice d'arbres anciens et précieux.

Plusieurs grands et riches pavillons accompagnent cette habitation, qui n'est elle-même qu'un pavillon fait pour jouir des plaisirs du jardin. C'est un casin, le plus richement orné qu'il soit possible d'imaginer, où les marbres, les mosaïques, les peintures et l'or même, ne surprennent pas au milieu d'un jardin où tout est ornement. Ces pavillons sont disposés pittoresquement comme si l'on avait voulu en composer *un hameau de palais et de temples*, car le luxe des colonnes et des portiques de marbre enrichit cette scène, digne de Rome qu'elle avoisine, et digne du romain qui l'a imaginée.

La verdure et les fleurs harmonisent toute cette architecture, à laquelle se joint encore un amphithéâtre de forme antique, et qui doit servir à des jeux équestres; mais, si bientôt nous devons rencontrer dans les bosquets un charmant théâtre pour les jeux de Thalie, théâtre qui doit surpasser en luxe celui de nos plus jolies salles de vaudeville, une place éminente est consacrée à Flore, et un immense théâtre de fleurs, déjà orné de statues aux poses gracieuses, le sera bientôt de vases non moins riches par leurs formes que par l'éclat des végétaux qu'ils porteront.

Les pas du promeneur assez heureux pour être admis dans cet élysée le conduisent vers des lieux dans lesquels tout ce luxe des arts est remplacé par des scènes tranquilles, où son imagination trouve un repos nécessaire après tant de merveilles. Une scène agreste, composée avec bonheur, se marie, de la manière la plus heureuse, à celle que présente la campagne dont l'horizon est la Sabine et Tivoli, qui nous rappellent Horace, l'ami de la nature champêtre. Non loin de là est une immense grotte artificielle, dont les matériaux n'attirent pas l'humidité, et où l'on pourra jouir de l'ombre, sans craindre que la fraîcheur, ordinaire à ces sortes de lieux, n'altère la santé (1).

Bientôt notre esprit trouve un aliment nouveau dans une scène d'un autre genre ; la poésie champêtre fait place aux souvenirs de l'histoire : les troubadours et la chevalerie vont se présenter à nos yeux sur un vaste *champ-clos*, heureusement situé dans un joli vallon, et fidèlement imité, où des tentes sont déjà préparées et ornées d'oriflammes aux mille couleurs ; plus loin, une scène mauresque, qui se lie à celle-là, nous reporte à d'autres usages et à d'autres récréations du même temps.

On voit qu'un tel jardin convient merveilleusement auprès d'une grande ville, et que sa richesse en architecture n'a rien qui puisse être reproché à côté de Rome, la ville

---

(1) J'aurai bientôt encore l'occasion de parler de ces sortes de grottes, que l'on pourrait facilement chauffer en hiver comme des appartements.

des monuments, la ville la plus ornée de marbres et de sculptures.

Que l'on se figure une fête dans ce séjour, où tout est disposé pour en donner, pour les jeux, les spectacles les plus attrayants et les plus variés, pour les illuminations et toute la féerie que le goût et la richesse peuvent produire.

M. le duc Alexandre Torlonia donne des fêtes vraiment royales, et le lieu ne pouvait être trop riche pour les hôtes illustres qu'il reçoit chaque année.

Un fait particulier à ce jardin, c'est qu'il n'est point destiné aux jouissances de la belle saison ; il ne doit servir que l'hiver, c'est-à-dire depuis octobre jusqu'en avril ; aussi ne doit-il y entrer aucun arbre à feuilles caduques. Le Camellia y jouera, par conséquent, un grand rôle.

Le dessin est dû à M. Japelli, Vénitien, ingénieur, que son goût pour les paysages et les jardins a conduit à l'art d'en composer. Il a dû beaucoup remuer le terrain pour varier les points de vue dans le jardin même et isoler les scènes. Ces travaux ont été très-compliqués et prouvent le talent de l'ingénieur, autant que la fécondité de son imagination. Plus tard, sans doute, le bon goût du propriétaire fera justice de quelques antiquités factices qui se sont trouvées là, et qui, maintenant, contrastent avec la beauté des monuments modernes dont ils sont trop rapprochés.

Par la création de cette *villa*, où la routine ancienne a été sacrifiée au goût des jardins naturels, M. le duc Torlonia a bien mérité de la science horticole, et je suis heureux d'avoir à signaler l'existence d'un jardin orné et disposé aussi magnifiquement.

J'ajouterai qu'une grande partie de la dépense qu'il occasionne passe dans le commerce des plantes.

M. le commandeur Torlonia a formé, sur une situation très en pente, un jardin paysager dont il a tiré un parti heureux, et où il fait cultiver une collection intéressante do plantes d'amateur (1). Son jardinier est Italien du Sud, et il a été instruit dans son art par M. le commandeur lui-même, botaniste et amateur très-distingué. Je cite ce fait parce que les autres amateurs ont dû se fournir de jardiniers dans le nord de l'Europe, et parce qu'il prouve que les Italiens seraient aussi bons jardiniers que d'autres, s'ils trouvaient des personnes capables de leur enseigner à connaître et à cultiver les plantes.

M. le duc de Bracciano, membre aussi de la famille Torlonia, se propose de convertir, cette année, en un gai jardin paysager, une villa où les plantations anciennes sont les plus tristes du monde.

M. Vescovali cultive à Rome une collection de cactées dont plusieurs sont très-rares, et de *Pelargonium* provenant des jardins de Vienne en Autriche.

Le jardin régulier de la villa Patrici, près la porte *Pia* à Rome, a été converti, il y a trois ans, par M. le marquis Patrici, en un jardin paysager. Ainsi que l'on doit toujours le faire, on a tiré parti avec intelligence des anciennes plantations régulières, pour conserver des bouquets de bois et des groupes qui, accompagnés d'arbrisseaux, paraissent avoir été plantés ainsi dans l'ordonnance générale. J.-B. Scotti, jeune jardinier zélé, mérite d'être cité pour les soins apportés à la composition de ce jardin.

M. Bincaz a fourni à Rome une grande partie des plantes qui y ont été importées depuis quelque temps; il se propose de former un établissement horticole dans cette ville, et ce sera un grand service à rendre à la science et au commerce, puisqu'il n'y en existe aucun, pas plus qu'à Naples.

---

(1) Une particularité géologique du sol de ce jardin, c'est que l'on y cultive dans une terre qui paraît avoir été anciennement cultivée, et que l'on retire, actuellement, de dessous une lave compacte dont l'existence est antérieure à l'histoire de Rome.

Il y a un grand rapport entre le climat de la moitié nord de l'Italie jusqu'à Florence et les différents climats de la France dans la partie sud jusqu'à Tours. Ce que l'on appelle la *Rivière de Gênes*, c'est-à-dire la côte qui borde la mer depuis Nice jusqu'à Pise et Livourne, répond, plus ou moins, pour la douceur de la température, au climat que nous avons à Hyères qui en fait la suite et la fin. La partie sud, à partir de Rome, est plus chaude. Là on commence à voir des palmiers, et ils deviennent plus fréquents à mesure que l'on avance.

A Rome, les plantes commencent à prendre un plus grand développement ; le Camellia donne des fleurs remarquablement plus grandes que les mêmes espèces cultivées à Paris. Les graines mûrissant mieux, et sur des sujets plus vigoureux, ne seront-elles pas susceptibles de donner des variétés plus riches et plus travaillées ? Si cela était, n'est-il pas vraisemblable que l'Italie, si l'on s'y occupait de multiplier les espèces par les semis, serait d'une grande utilité pour les horticulteurs du nord, en leur fournissant de meilleures graines et des variétés nouvelles ?

Mais il faudrait, pour parvenir à ce but, que le nombre des horticulteurs zélés augmentât et que ceux qui existent déjà fussent stimulés.

Ils ne peuvent l'être par des sociétés d'horticulture ; car il ne s'y en établira pas de longtemps. Je crois que la Société d'horticulture de Paris pourrait hâter les progrès, si, en l'absence des sociétés, elle adoptait en quelque sorte les horticulteurs du pays, et si elle cherchait à les encourager.

On citerait au premier rang M. le comte des Camaldoli à Naples, M. Joseph Massani, et M. le commandeur Torlonia à Rome, comme ceux qui ont rendu le plus de services à l'horticulture par l'introduction récente de plantes nouvelles dans des villes capitales où ils sont les premiers amateurs.

Mais je n'ai pas encore nommé tous les amis de l'horticulture à Rome.

J'ai trouvé, au Vatican, les jardins améliorés, mieux entretenus; un bois était impénétrable et abandonné; les papes ne prenaient point d'intérêt à ces jardins qui, cependant, étaient tous les jours sous leurs yeux. Le souverain pontife actuel a encouragé son jardinier, M. Sebastiano Rinaldi, et bientôt le bois impénétrable est devenu un bosquet frais et agréable, où des allées bien tracées sont ornées de marbres antiques ramassés dans des coins où ils étaient à l'abandon. Le saint-père, que j'ai complimenté sur son goût pour les fleurs et les jardins, m'a dit qu'il parcourait tous les jours les siens en entier malgré ses soixante-quinze ans, qu'il aimait à jouir de ses allées de buis les plus beaux du monde par leur végétation si verte et si vigoureuse, et qu'il avait pris plaisir à faire établir dans les jardins du Vatican sept fontaines ajoutées au nombre de celles qui y étaient déjà.

J'ai entretenu Sa Sainteté de la Société royale d'horticulture de Paris et de ses travaux, et lui ai demandé la permission de rendre compte, à mon retour, du sujet de l'entretien dont elle m'avait honoré. Le saint-père me l'a permis et a paru satisfait de trouver un voyageur qui lui parlât sur un tel sujet qui lui plaisait, habituée qu'est Sa Sainteté à entendre toujours les mêmes compliments sur une tout autre matière.

C'est ici le lieu de dire que, dans les nombreux couvents que j'ai vus en Italie, je n'ai jamais aperçu un jardin cultivé par les moines. J'ai témoigné à plusieurs de ceux qui sont instruits et actifs mon étonnement de ne pas les voir consacrer quelques loisirs à la culture des jardins ; car quel plaisir peut être à la fois plus innocent et donner plus de jouissances de tous les instants ! Le site de votre couvent est beau, leur disais-je , mais il est toujours le même ;

tandis que les fleurs de votre jardin changeront. Il vous fournira des plantes utiles et des fruits, et aussi les fleurs que vous offrez sur les autels de la Divinité! Combien votre hommage vous sera plus doux quand vous penserez qu'il est le fruit de vos soins! Si agreste que soit le vallon que vous habitez, la vie vous paraît longue; mais la culture, les expériences qu'elle nécessite, vous la feront paraître courte. De vos terrasses, de vos rares fenêtres vous ne voyez la nature que de loin et n'apercevez que deux saisons, l'hiver et l'été; dans vos jardins vous en aurez quatre...

On était étonné d'une idée aussi simple, et l'on me répondait d'un ton de regret qui prouvait que l'on m'avait compris : « Ce n'est pas l'usage. »

Certes ces bons religieux n'auraient besoin que de quelques exemples et de quelques leçons d'horticulture.

Jardins de Bologne, Venise, Padoue.

J'ai considéré les jardins de la côte de Gênes, du Piémont et de la Lombardie comme étant dans un état de progrès auquel contribuent les publications de journaux et les rapports fréquents avec les pays où la science horticole est plus répandue, et je n'ai cherché, messieurs, à vous parler que des contrées où elle est nouvelle et a le plus besoin d'encouragements. Il ne me reste plus à vous entretenir que de quelques parties où elle a peu pénétré, mais où les progrès ne tarderont pas à se faire.

Bologne est une ville où les sciences et les arts fleurissent, mais où le goût des jardins se bornait à l'utile ou à quelques jardins monotones qui accompagnent les *villa*. Les environs de cette ville sont on ne peut plus pittoresques, et c'est ici le lieu de faire la remarque que, partout où l'aspect du pays est très-varié et très-agréable, le dessin des jardins est négligé, tandis que, dans les plaines, on a paru chercher à se créer des vues et des sites dont la nature avait été avare.

C'est une dame, madame Martinelli, qui a donné, la première, le goût du jardin irrégulier à Bologne.

J'ai vu, à une petite distance de la ville, l'immense jardin paysager de la *villa* Sampieri, dessiné en 1814 par un jardinier des environs de Paris, M. Félix Marc, qui le dirige encore en ce moment. Le dessin en est simple, et produit les scènes les plus naturelles ; il fait honneur à cet artiste, et il est à désirer pour l'Italie qu'il y soit imité.

La *villa Mareschalchi*, agréablement située sur une colline, est bien dessinée, mais plantée d'arbres communs. Dans la même condition se trouvent à peu près les *villa* Baciocchi, Spada, Mazzacurati et plusieurs autres dont la position fait le principal mérite. Dans la plaine, les *villa* Rossini, Mattei et une demi-douzaine d'autres viennent d'être dessinées dans le style paysager ; on y remarque la *villa* Insom, où l'on a introduit une assez grande quantité de végétaux étrangers.

Le jardin de botanique de Venise a été fondé en 1815, aux frais du gouvernement, et une faible somme lui est consacrée annuellement. Il est entretenu cependant avec un zèle et un soin des plus rares par M. Joseph Buchinger, Bavarois, aidé de son fils, tous deux jardiniers très-instruits. On y remarque des collections nombreuses de plantes de la Nouvelle-Hollande, de plantes grasses et de *Pelargonium* nouveaux. Il est paysager, et forme une promenade agréable.

Ce qu'il y a de particulier à ce jardin de botanique (*orto botanico*), *situé au milieu de la mer*, c'est que l'on ne juge pas à propos d'y enseigner la botanique. En effet, le nombre des plantes à étudier ne peut être grand dans les petits jardins d'une ville sur l'eau, et quand on n'y a pas été on doit même supposer qu'il n'y en existe point ; cependant on peut arriver à pied jusqu'à un jardin public établi par les Français, et qui a une certaine étendue. Les arbres y végètent très-bien, et les promeneurs de Venise contemplent avec curiosité sous-leur ombrage la promenade de deux ou trois cavaliers, non pour eux, mais pour les chevaux, animaux peu connus dans une ville où les gondoles sont les seuls moyens de transport.

Un petit jardin public, appelé encore le *Jardin-Français*, parce qu'il a été planté, je crois, du temps des Français, est très-intéressant par la quantité de beaux *Melia azaderach* en grands individus, dont il est ombragé et qu'il embellit par sa belle floraison.

Surpris en apprenant que le jardin de botanique de Padoue avait été fondé en 1545, je l'ai visité avec d'autant plus d'intérêt que je pensai y voir le premier jardin scientifique créé en Europe ; j'ai plaisir de citer ici Francesco Bonafede, le savant professeur qui, sous le titre de *Lettore dei semplici*, a eu, il y a trois siècles, la pensée première d'une telle fondation, dans laquelle il a été secondé par le sénat de Venise. J'ai contemplé avec respect le premier habitant de ce lieu, un Platane occidental, dont le branchage est si court et le tronc tellement noueux et large du bas, qu'il ressemble à une pyramide. J'ai vu aussi, en pleine terre, un *Chamærops humilis* du même temps. Il a 5 mètres de hauteur, et se divise en neuf tiges. L'hiver, il reçoit une couverture vitrée sous laquelle le froid descend à 4 degrés centig. au-dessous de zéro.

Entre Venise et Padoue on visite le gracieux palais de Strà, appartenant au vice-roi. Le jardin contient une riche collection du genre *Citrus*, au nombre de cent espèces, dont soixante-dix ont donné fruit (1). Cette collection, ri-

---

(1) *Le catalogue de la collection toscane*, au jardin de botanique de Flo-

vale des plus nombreuses d'Italie, est supérieure aux autres par la beauté et la force des individus, qui offrent la plus belle végétation due aux soins continuels du jardinier, M. Trevisan, qui l'a formée de lui-même, et d'après son propre goût pour ce genre si beau et si intéressant.

M. Trevisan m'a fait voir un *magnolia grandiflora*, planté par lui, sur l'ordre du prince Eugène, vice roi d'Italie, et qui a atteint la hauteur de 10 mètres. Malheureusement il est entouré d'arbres trop voisins auxquels il doit peut-être sa croissance élevée, et l'on n'a pu encore obtenir du vice-roi actuel la permission de les enlever.

Au Dôlo, près de Strà, l'établissement d'horticulture de notre compatriote, M. Charles Maupoil, fondé en 1821, est le premier que l'on rencontre après avoir fait le tour de l'Italie du sud, à partir de Florence, allant jusqu'à Naples, et revenant dans toute la longueur de la mer Adriatique. J'y ai vu une partie de la collection des orangers de Strà. M. Maupoil a traduit en italien le *Bon Jardinier* et le *Volume de Figures*; il a ajouté beaucoup de notes sur la culture dans cette contrée de l'Italie.

Rome est fréquentée par un si grand nombre d'étrangers, que la renommée ne tardera pas à instruire l'Europe de l'existence et de la richesse du jardin Torlonia; mais peu de voyageurs sauront qu'ils doivent visiter dans un coin de l'Italie, à 2 lieues de Padoue, un autre jardin où le génie de l'artiste qui a dessiné la *villa* Torlonia a pu se développer davantage, et produire, dans des proportions plus étendues, des scènes très-variées. Ici, encore plus qu'à Rome, tout est création; M. Japelli, sur le terrain toujours plat de la Lombardie, a créé des collines, des montagnes, des vallées en si grand nombre, qu'à chaque

____

ence, publié en 1839 par Galesio, n'indique seulement que 46 espèces ou ariétés.

pas le promeneur est frappé d'étonnement. Jamais pareille illusion n'a été produite, parce que le nombre des amateurs opulents est petit et que MM. Torlonia et Vigodarzere, ainsi que M. Citadella, héritier de ce dernier, ont été portés à faire exécuter de semblables travaux, autant par la philanthropie, qui met en œuvre un grand nombre de travailleurs, que par le goût de leurs propres jouissances.

On a vu souvent, dans des jardins, des mouvements factices de terrains, de petites collines de 7 à 8 mètres; mais l'imagination de M. Japelli ne s'est pas émue pour de pareils enfantillages; il a créé une Suisse, des montagnes et des vallons assez grands pour que le promeneur puisse être incrédule quand on lui dit que, il y a quelques années, il n'y avait là qu'une plaine tout unie.

M. Japelli est un artiste très-remarquable par la fécondité de son imagination; il veut que tout ce qu'il produit d'effet frappe fortement, et il ne dessine pas une scène d'un aspect doux et tranquille, sans que, bientôt, le contraste d'une autre scène puissamment caractérisée vienne émouvoir le spectateur. Je ne puis mieux donner une idée de ses œuvres qu'en disant que, si Gabriel Thoüin et Soulange Bodin sont les Raphaël du jardinisme, Japelli en est le Michel-Ange.

Les fabriques qu'il a répandues dans les jardins parlent toujours à l'esprit, aux souvenirs : ordinairement elles sont historiques ; à Vigodarzere, une grotte, que l'art fait paraître immense, vous porte au souvenir des templiers; vous voyez, imité d'après nature, tout ce qui servait aux initiations de cet ordre mystérieux. Avec quelques verres de couleur et quelques coups de pinceau trempé dans une grosse peinture, l'artiste a su ménager les effets de lumière les plus surprenants, les plus magiques. Mais cette grotte n'est point, comme celle des bains d'Apollon, à Versailles, en pierre naturelle ; car elle serait inexécutable ou elle ruinerait le propriétaire ; elle ne permettrait pas toutes ces *trouées*, tous ces *jours*, que l'artiste a su ménager... Les rochers sont creux et composés seulement de charpentes et de lattes recouvertes d'un tissu de roseau enduit d'un mortier coloré. Des stalactites pendent des voûtes, et ces productions si pittoresques et si rares sont imitées avec des matériaux de la moindre valeur.

Je dois à la bienveillance de M. Japelli la promesse d'un mémoire sur ce genre de grottes dont il a imaginé la manière de construire et les effets. Aussitôt que je l'aurai reçu je le communiquerai à la Société, et je pense que les constructions de cet artiste seront imitées souvent dans les jardins.

Voilà les observations que j'ai pu être à même de faire dans les jardins d'une partie de l'Italie pendant un voyage de huit mois, de novembre en juin. Je serai heureux, messieurs et honorables collègues, si je n'ai point abusé de votre patience par la lecture de toutes ces notes, et encore plus heureux si quelques-unes peuvent être utiles à l'histoire de l'horticulture et au commerce.

Il était impossible d'entrer davantage dans le domaine de l'horticulture pratique. On ne fait point usage, dans les parties de l'Italie que j'ai parcourues, de mode particulier de culture, sauf ceux relatifs à la différence provenant des hivers moins rudes et moins prolongés. Sous le rapport des bonnes méthodes, les Italiens se trouvent heureux de prendre des leçons chez les horticulteurs du nord.

Je vous demanderai encore quelques moments d'attention pour d'autres notes relatives à quelques genres de plantes.

Thé. Les pieds cultivés à Naples, au jardin de botanique, sont restés en bon état dans l'hiver ; mais ils ont péri dans l'été. M. Tenore pense que le climat est trop chaud et trop sec dans l'été, ou que les émanations de la mer peuvent nuire à cette plante comme elles paraissent avoir nui aux *Azalea*, *Rhododendron*, *Volkameria*.

CAMELLIA. Tous les individus cultivés à Naples, en pleine terre et en pots, chez M. le comte des Camaldoli, sont en bonne santé et vigoureux; ils n'éprouvent pas le même inconvénient que les autres genres cités ci-dessus.

PATATE. Excepté à Florence, où il y a un amateur distingué qui cultive la Patate, je ne l'ai trouvée, pour ainsi dire, connue qu'à Naples.

Elle a été cultivée au jardin des plantes et chez le comte des Camaldoli; mais la culture n'a pas été encouragée, parce que le tubercule ne s'est pas conservé. M. le professeur Tenore explique l'impossibilité de la conservation, par la quantité de sucre que contiennent les tubercules; et qui occasionne une fermentation si prompte et si active que l'alcool se forme, pour ainsi dire, spontanément; on n'a cultivé, m'a dit M. Tenore, que deux espèces différentes de celles que l'on cultive en France : elles n'ont pas de nom spécifique. L'une est blanche, très-sucrée, et a une odeur de rose qu'aucune préparation ne peut lui faire perdre; l'autre, jaune, moins sucrée, sans odeur de rose, est très-farineuse. Elles n'ont point donné de fleurs.

FENOUIL DOUX. J'ai à parler d'une plante potagère d'un usage général en Italie, et qui devient certainement en France d'un usage général, si elle n'y dégénère pas; cette plante est le Fenouil doux d'Italie, déjà préconisé par M. Vilmorin, dans le *Bon Jardinier*, mais auquel on n'a pas fait assez d'attention.

A Naples, et surtout dans tous les États romains, et plus loin encore, du côté de Venise, on fait un usage si général de Fenouil, que l'on ne peut faire un pas dans les villes, ni traverser un village, sans en rencontrer; nulle table non plus sans qu'il n'en soit servi, et j'ai vu cela depuis janvier jusqu'en juin.

J'avais trouvé, dans je ne sais plus quelle partie de l'Allemagne, le Fenouil en très-grand usage ; mais celui-là était très-odorant, et je crois que l'on ne le recherchait que pour l'odeur qu'il exhalait. Aucun fashionable ne se montrait dans les rues ou à la promenade sans en savourer une branche qu'il portait à la bouche comme une pipe.

Le Fenouil doux d'Italie, *Finocchio dolce*, a une racine peu volumineuse d'où sortent des pétioles comme ceux du Céleri, mais qui forment immédiatement une agglomération plus arrondie, c'est-à-dire que la partie qui blanchit est plus courte ; cette partie est fort tendre, assez savoureuse, plus douce que celle du Céleri, dont elle diffère de manière à composer un mets nouveau pour ceux qui ne sont habitués qu'à ce dernier : son plan, ou coupe horizontale, est un ovale de 4 à 5 pouces sur 2 à 3 (10 à 13 centim. sur 5 à 8).

Comme le Céleri, on le sert à la sauce blonde et en salade, ou bien encore dans une soupe, à la manière des Choux ; mais l'usage le plus général que j'en aie vu faire est de le servir au dessert avec les fruits, où il décore la table, planté dans l'eau d'un bol de verre, et élevant, comme des panaches, son feuillage fin et élégant : on le mange ainsi sans aucun assaisonnement. Je n'ai pas manqué de commencer par rire de cet usage, qui me rappelait celui pratiqué en Angleterre, de servir les Radis au dessert, et même d'en avoir dans sa poche pour manger à la promenade ; mais je n'ai pas tardé à m'habituer au Fenouil, dont la saveur douce et le goût agréable me plaisaient : seulement je le préférais en hors-d'œuvre, comme les Radis et les petits Artichauts.

On a beaucoup parlé, et on parlera peut-être beaucoup encore du Pê-tsai, qui, dans son état le plus heureux, peut, tout au plus, remplacer la Poirée ; mais rien ne ressemble au Fenouil.

J'ignore si l'on pourra le cultiver en France pour l'hiver, car je ne sais jusqu'à quel point il pourra résister au froid : d'ailleurs nous avons alors le Céleri, avec lequel il a des points de ressemblance, quoique l'un des deux ne puisse, sous tous les rapports, remplacer l'autre ; mais une idée m'a été suggérée par M. le professeur Tenore, de Naples, c'est qu'il faut tâcher de cultiver le Fenouil en France pour l'usage en été, puisqu'alors le Céleri nous fait faute.

Cette plante, si du moins sa culture en France n'altère pas sa qualité, serait donc une bonne acquisition pour nos tables, et j'engage les amis de l'horticulture à l'essayer et à la faire connaître autant qu'il sera en leur pouvoir. En supposant qu'il devienne d'une saveur un peu trop forte dans le Nord, il pourrait vraisemblablement être utile dans la moitié chaude de la France, car Olivier de Serres le mentionne comme *une salade exquise*. J'en ai envoyé, de Rome, des graines à M. Vilmorin, qui peut en avoir encore, et j'en attends moi-même, de Naples, de la récolte de 1840.

Dans le *Bon Jardinier*, M. Vilmorin, qui a reçu d'Italie une note sur ce Fenouil, dit qu'on le mange aussi assaisonné comme les *macaronis* ; ce qui me paraît très-vraisemblable. C'est M. Maupoil, que je viens de citer, qui avait recommandé le Fenouil à M. Vilmorin.

A Rome, on le sème en tous temps. Quand on sème en août, ce qui est le plus fréquent, on repique en octobre, et il est bon à manger dès décembre et janvier ; on le chausse à mesure qu'il pousse. Il préfère une bonne terre et des arrosements, quoiqu'il se contente d'une terre maigre et sablonneuse, mais où il vient cependant moins gros.

BROCOLI DI RAPE. Les Italiens font un grand usage du *Brocoli di rape*, BROCOLI RAVE ou plutôt NAVET, dont on mange les feuilles et le Navet qui est assez gros. Il ne donne pas de tête comme le Brocoli ordinaire, et se cul-

(36)

tive comme tous les autres Navets. J'ai vu les Romains faire usage de ses feuilles en salade, et je les ai trouvées bonnes, accommodées en ragoût comme la Chicorée.

GOBBO. J'ai vu aussi faire un usage tout particulier des tiges de l'Artichaut. *On courbe* la plante à angle droit, en rassemblant les pétioles, *et l'on butte* de manière à faire blanchir ; il en résulte *une bosse* qui donne son nom italien *gobbo* (bossu) à cette partie. Le *Gobbo* se sert cru sur table et se mange avec du sel ; il est tendre, et nos cuisiniers en tireraient sans doute un bon parti. C'est en automne et en hiver que j'en ai vu ; ils remplaçaient avec avantage les Radis, qui étaient absents.

Culture et semis du NERIUM INDICUM, *à Marseille.*

A mon retour d'Italie, j'ai vu à Marseille la collection de *Nerium* de M. Crozet de Seyras, dont j'avais entendu parler. Sur ce terrain beaucoup trop sec, et où les pluies sont rares, on s'adonne très-peu à la culture des arbres et plantes d'agrément, et les jardins n'ont guère d'autre verdure que celle de l'Olivier et de la Vigne. M. de Seyras, cependant, a fait des plantations de genres variés qui sont en pleine réussite ; mais sa culture de prédilection, pratiquée sous un ciel presque toujours serein, est celle du *Nerium indicum*. Depuis 14 ans il sème continuellement, ressème les belles espèces obtenues, et perfectionne ce genre comme on n'avait pas encore fait jusqu'à présent. J'ai vu chez lui plus de 2,000 jeunes plants qui ne tarderont pas à fleurir, et une collection admirable pour la richesse et la variété des couleurs, ainsi que pour la floraison la plus splendide que l'on puisse imaginer.

J'ai été assez heureux pour obtenir de sa bienveillance une douzaine de variétés qui sont arrivées en bon état, et que je pourrai vous soumettre à la prochaine floraison.

———

APPENDICE.

Pergole italienne.

La **Pergole**, dont la *fig*. 1 représente deux arcades
seulement, existe à Rome sur l'emplacement du palais
des empereurs, dans un jardin appartenant à un Anglais, **M. Mills**. Ce jardin est dessiné dans le genre
anglais actuel, que l'on pourrait appeler genre mixte; il
est fort agréable par sa position et par le goût qui a
présidé à sa composition.

La **Pergole** de **M. Mills** est élevée de 3 mètres, sa largeur
est aussi de 3 mètres, partagée en deux par des supports,
et l'ouverture des arcades est également de 3 mètres.

Figure 1.

Elle est construite d'un bâti de charpente très-légère
et entièrement couverte de rosiers du Bengale qui, sous
cet heureux climat, n'est pas offensé par les gelées
comme dans le nord de la France. Aussi est-il impossible de se figurer une floraison plus splendide que celle
de ce rosier palissé sur une pergole aussi gracieuse, ou
en espaliers tels qu'on en voit dans les jardins de la
vigne Massani, au faubourg du Peuple. Les feuilles
disparaissent sous de riches tentures de roses éclatantes.

Dans le midi de la France on pourra en établir sans
doute de semblables; chez nous, on ne pourrait guère
employer que les *bignonia*, les aristoloches, chèvre-
feuilles, lierre et vigne vierge.

1

Vase composé.

A la vigne Massani, déjà citée, j'ai remarqué un arbre qui paraissait sortir d'une corbeille de fleurs posée à terre. Un examen fait de plus près me fit apercevoir que cette corbeille était en terre cuite et se divisait en cinq parties, comme on voit le plan en *a*, *fig.* 12, et séparément en *c* une des portions. En *b* on voit la même portion en élévation, mais le graveur l'a représentée trop grande.

Fig. 2.

Cette corbeille, où un arbre paraît planté, est d'un ffet heureux quand elle est placée dans la partie cir ulaire de chemins qui se rencontrent.

Haie de branchages.

Cette haie, *fig.* 3, est certainement la plus économique et la plus promptement faite que l'on puisse exécuter.

Fig. 3.

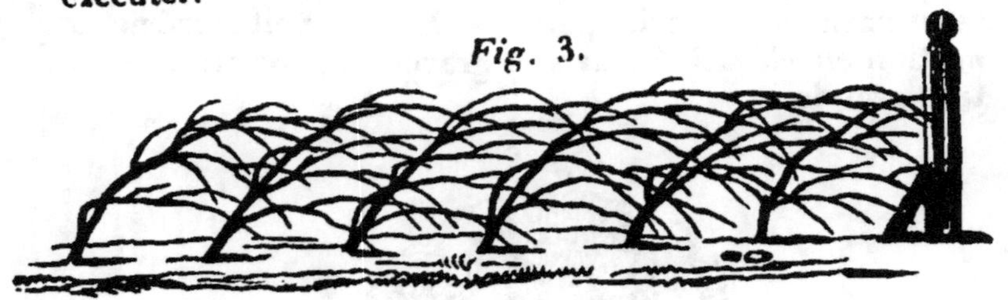

On plante obliquement en terre une branche que l'on attache par ses rameaux à un piquet quelconque; les rameaux de la seconde sont attachés sur celle-là avec de l'osier, et ainsi de suite.

Brouette civière, *fig.* 4 et 5.

J'ai trouvé cette brouette à la villa **Patrici**, à Rome.

Fig. 4   A   *Profil.*   B

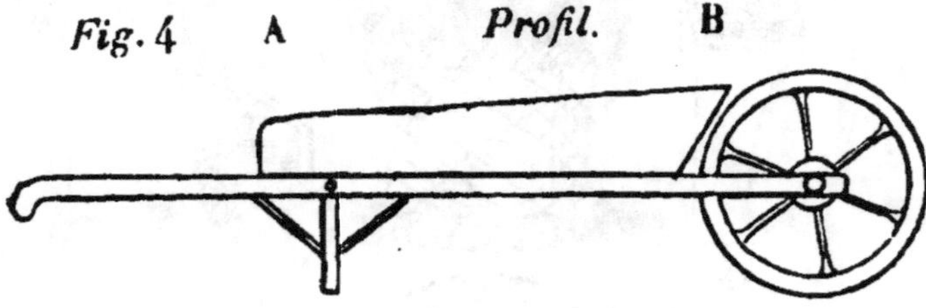

Elle ne diffère des autres que pour la dimension de son plancher, fait pour placer la plus grande quantité possible de plantes que l'on a à charrier dans les jardins. La longueur du plancher de **A** en **B** est de 1 mètre 15 centimètres. La largeur de **B** en **C** est de 80 centimètres. La hauteur des ridelles en **A** est de 13 centimètres, et de 22 centimètres en **B**. Les bras

4

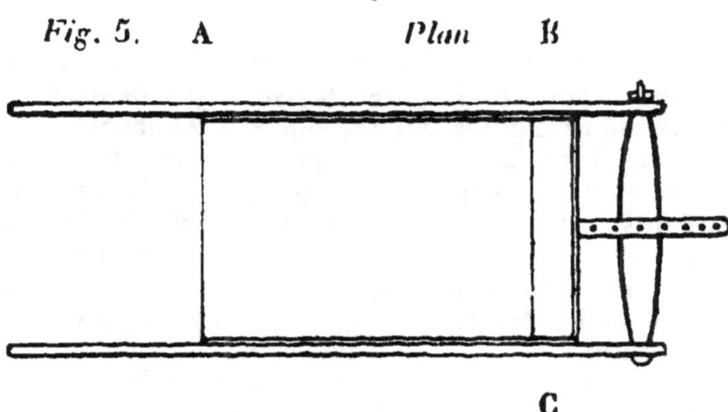

n'ont que 65 centimètres. Diamètre de la roue, 57 centimètres.

Étiquettes en roseau.

Fig. 6. Dans les pays où l'on peut faire croître le roseau à quenouilles, *arundo donax,* les horticulteurs sont dans l'usage de le tailler en deux pièces, comme dans la *fig.* 16. Dans la partie *a* on fait entrer une étiquette écrite au crayon sur un petit morceau de papier que l'on recouvre de la partie *b.* Elle se trouve ainsi renfermée dans un véritable étui, où elle se conserve très-bien.

Malheureusement *l'arundo donax* aime la chaleur, et l'on ne jouit pas partout de ses longues tiges, dont on fait des treillages fort solides et économiques.

Instruments d'horticulture trouvés à Pompéi.

Après avoir, pendant trente ans, fait dessiner et graver les instruments d'horticulture de toute espèce, je n'ai pu résister à l'envie de calquer ceux des horticulteurs pompéiens, tels que je les ai trouvés dans le musée de Naples. Assez de fois on avait gravé la charrue antique, dont la figure s'était trouvée fréquemment représentée sur des bas - reliefs ; mais jamais on n'avait publié les figures des instruments d'horticulture, parce que, leur importance étant moindre, la sculpture ne nous en avait pas conservé le trait. Ces instruments, d'ailleurs, par la nature oxydable du fer, n'avaient pu être conservés, et il avait fallu l'événement presque miraculeux de l'ensevelissement de Pompéi pour nous les transmettre dans un état suffisant de conservation.

On verra que la nécessité avait fait choisir des formes tellement simples et si bien combinées, que dix-huit siècles de l'expérience de l'homme n'ont rien changé à ces instruments, qui sont restés en usage dans toutes les parties du monde.

Fig. 7.

La *fig.* 7 est une bêche qui vraisemblablement est usée, et doit être supposée avoir été autrefois allongée selon la ligne ponctuée.

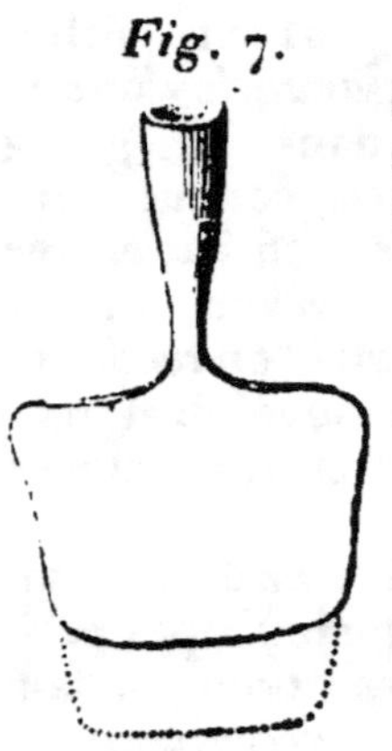

La *fig.* 8 est une pioche à deux taillants. J'en ai vu d'autres qui portaient un marteau, et une n'ayant qu'un seul taillant.

Fig. 8.

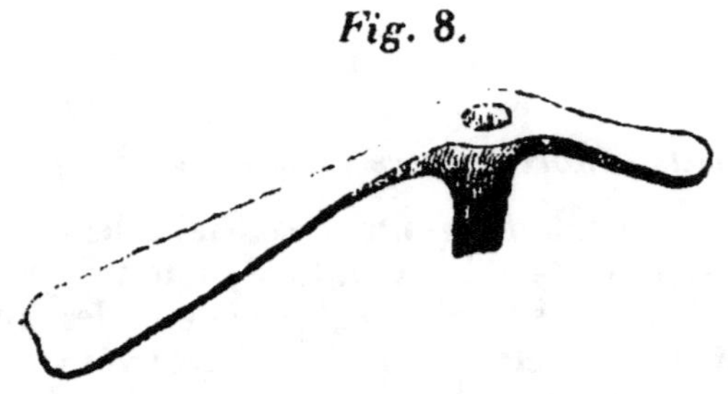

Les *fig.* 9 et 10 représentent des houes de différentes grandeurs, avec leur coupe prise sur la hauteur.

Fig. 10.

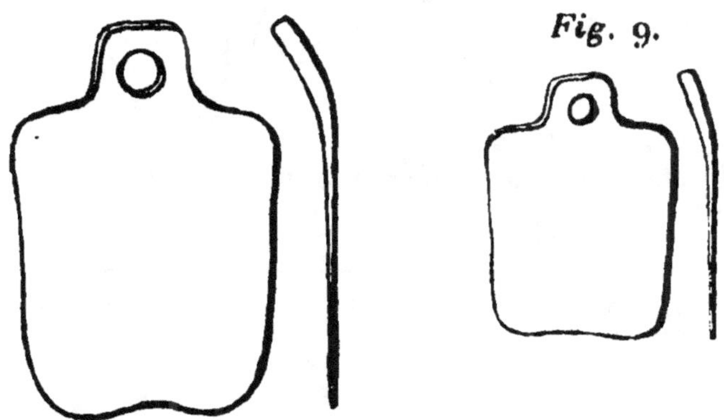

La *fig.* 11 est une sorte de grande pelle en fer. On pouvait néanmoins s'en servir pour bêcher.

Fig. 11.

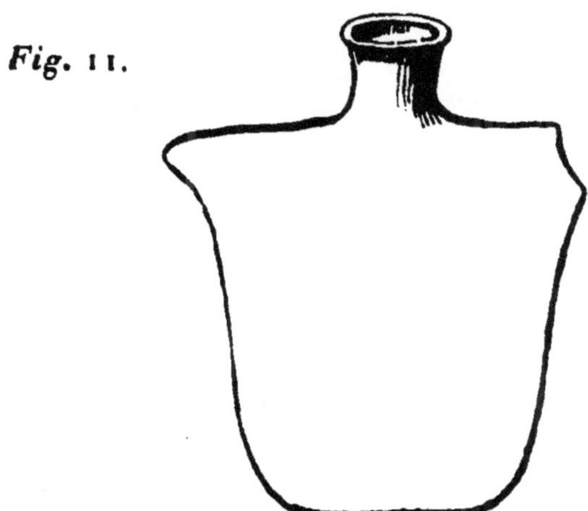

La serpe, *fig.* 12, a son manche en fer massif, pour lui donner plus de poids.

Fig. 12.

La faucille , *fig*. 13 , s'emmanchait avec du bois ,
comme celles d'à présent.

Fig. 13.

L'échelle ci-dessous donne la mesure de ces instruments.

LE CAMELLIA DE CASERTE.

Lorsque je lus à la Société d'Horticulture la note de la page 14 sur ce Camellia célèbre, j'ajoutai que, dans des publications imprimées, on avait attribué au Camellia de Caserte une hauteur de 20 mètres (60 pieds), ce qui était une erreur, puisque j'étais bien certain de la mesure de 6 mètres et demi seulement que je lui avais trouvée six mois avant.

Ce fait m'ayant été contesté, j'écrivis à ce sujet à M. le professeur Tenore, membre de l'Académie des sciences du royaume de Naples, directeur du jardin de botanique, et auteur de la Flora Napolitana ; voici la réponse dont il m'a honoré en date du 13 novembre (1840):

« Jamais le Camellia de Caserte n'a reçu de mutila-
» tions ; j'en ai suivi l'accroissement pendant une qua-
» rantaine d'années, ayant visité ce jardin tous les
» quatre ou cinq ans. Votre mesure de 20 pieds est
» très-juste : toute autre résulterait d'un songe poé-
» tique, tel que les voyageurs portés pour le merveil-
» leux en font bien souvent. La hauteur de 60 pieds
» n'est pas non plus dans la nature des arbustes, dans
» lesquels il faut ranger le Camellia. »

J'ajouterai que Kœmpfer, qui a décrit le Camellia (*Tsubakki*, au Japon), et en a donné une figure, l'a indiqué comme arbrisseau.   A.